LE

PAPILLON DU MARAIS

COMÉDIE EN UN ACTE MÊLÉE DE CHANT

Représentée pour la première fois, à Paris, sur le théâtre de l'Athénée-Comique, le 1er octobre 1876.

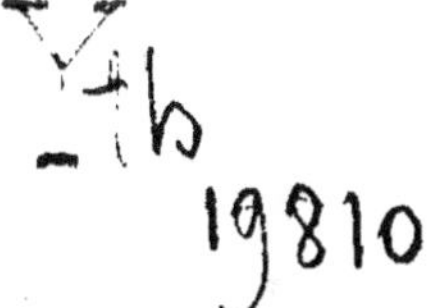

LE

PAPILLON

DU MARAIS

COMÉDIE EN UN ACTE, MÊLÉE DE CHANT

PAR

MM. Léon et Frantz BEAUVALLET

Représentée pour la première fois, à Paris, sur le théâtre de l'Athénée-Comique, le 1er octobre 1876

DIRECTION : L. MONTROUGE

PARIS

A. ALLOUARD, LIBRAIRE-ÉDITEUR

COMMISSIONNAIRE

37. RUE SERPENTE, 37

—

1876

PERSONNAGES :

JOCELYNET, petit rentier du Marais.	MM. OSCAR.
CÉSAR LANFROUGNAT, garçon herboriste. . . .	HENRY.
MADAME JOCELYNET.	Mmes DORLIA.
CLAPOTTE, cuisinière.	{ DIONIE. DENAIN

La scène se passe à Paris, de nos jours, chez M. Jocelynet.

LE

PAPILLON DU MARAIS

Le théâtre représente un petit salon. — Une psyché à droite. — A gauche, une armoire, cheminée, pendule, canapé. — Porte au fond, portes latérales. — Fenêtre à gauche, avec balcon praticable. — Fenêtre à droite.

SCÈNE PREMIÈRE.

CLAPOTTE, *elle sert le café sur un guéridon à gauche.*

Les bourgeois achèvent de dîner!... Servons le café aussi proprement que possible! La tasse de madame, à fleurs, avec son chiffre! ne la changeons pas de place, elle est si maniaque, madame! (*Elle essuie la tasse et la laisse tomber.*) Grands dieux! (*Elle la ramasse.*) Elle n'est pas cassée! c'est de la bonne porcelaine! Madame l'a gagnée à la fête de Saint-Cloud, et c'est solide, les tasses qu'on gagne à cette fête-là! Elle aurait poussé de beaux cris, madame Jocelynet, si je l'avais seulement écornée! C'est qu'elle tient à tous ses bibelots comme à la prunelle de ses yeux! Ce n'est pas comme monsieur! Que je casse ou que je ne casse pas, il s'en moque pas mal! Il a bien d'autres idées en tête! et quelles idées!... un vrai petit volcan!... Et dame, je sais bien que si je ne me tenais pas beaucoup, il finirait par me tenir un peu! Mais je me tiens!.. d'autant plus que j'ai fait quelques serments à M. César Lanfrougnat, le petit herboriste d'en face! (*Elle va à la fenêtre de droite.*) Il est encore sur le seuil de sa boutique, les yeux fixés sur les fenêtres de cet appartement... il est d'une jalousie!... il me fait des signes! Répondons-lui... ça ne m'amuse pas plus qu'il faut, mais quand on a été assez bête pour donner de l'espoir à un herboriste! (*Elle ouvre la fenêtre.*) Bonjour, monsieur Lanfrougnat. Les affaires vont bien, allons, tant mieux, moi aussi... Il me sourit... est-il assez laid, mon Dieu, quand il sourit!

SCÈNE II.

CLAPOTTE, JOCELYNET.

(*Jocelynet a paru par la droite, tiré à quatre épingles, très-fringant. Sa serviette à la main, il s'approche, saisit Clapotte par la taille, et lui dépose un gros baiser sur le cou. Elle se retourne et lui allonge une giffle.*)

JOCELYNET, *se tenant la joue.*

Tu es un peu brusque, Clapotte!

CLAPOTTE, *confuse.*

Ah! monsieur... je croyais que c'était un autre!

JOCELYNET.

N'en parlons plus!... du moment que c'est une erreur! (*à part.*) Elle a une forte poigne! (*haut.*) Que faisais-tu à la fenêtre, tu parlais à quelqu'un!

CLAPOTTE.

Moi! oh! monsieur! je n'ai pas l'habitude de parler par les croisées.

JOCELYNET, *clignant de l'œil.*

Alors, referme cette fenêtre, referme-la, friponne.

CLAPOTTE.

Oui, monsieur!

JOCELYNET.

Madame Jocelynet est en train de rêver devant l'os du gigot... Elle aime rêver, ma femme... Ce n'est pas une mauvaise idée, parce que, quand elle rêve, elle me laisse tranquille!... (*Clapotte se dirige vers la porte.*) Tu t'en vas!...

CLAPOTTE.

Dame. monsieur...

JOCELYNET, *allant la prendre par la main et la ramenant.*

Ne t'en vas donc pas!... Est-ce que tu as à craindre quelque chose de moi?... je suis trop vieux! (*La lutinant.*) bien trop vieux!...

CLAPOTTE.

Oui! oui! je la connais, celle-là... Vous dites ça à toutes les jeunesses du quartier! et l'on vous a surnommé le papillon du Marais!...

JOCELYNET.

Papillon!... eh bien! oui... j'accepte le surnom!... Je butine!... je butine!... Viens t'asseoir là!... (*Il l'entraine vers le canapé. Elle résiste. Il s'installe sur le divan.*) Sais-tu que tu es très-accorte... tu as une taille... une main... un torse... rien que des merveilles... un vrai musée! (*Il veut lui prendre la taille.*)

CLAPOTTE, *se reculant.*

Oh! monsieur... dans les musées, le public est prié de ne pas toucher!

JOCELYNET.

Méchante, va! (*Il lui prend les mains.*)

CLAPOTTE.

Monsieur, la lampe file, faut que je la remonte!

JOCELYNET.

Remontons-la ensemble! (*Il remonte la lampe.*)

CLAPOTTE.

Y a plus d'huile!

JOCELYNET.

Y en a plus que tu ne penses! (*Il l'embrasse.*)

CLAPOTTE.

Si c'est permis d'avoir de pareilles idées, quand on possède une petite femme si aimante!

JOCELYNET.

Oui!... oui! elle est aimante... très-aimante... trop aimante... Mais c'est ma femme... et elle m'ennuie... On est papillon ou on ne l'est pas!... Ecoute, Clapotte, dis un mot, je t'emmène faire un petit festin au lac Saint-Fargeau! Tu dineras mieux qu'ici, car, entre nous, je ne sais pas comment ça se fait, mais tes rôtis sont toujours brûlés!...

CLAPOTTE.

C'te malice! vous venez toujours m'asticoter dans ma cuisine!...

JOCELYNET.

Ça, c'est vrai, je suis assez asticotant!... Et après le dîner, nous louerons un coupé... et nous irons voir *Dimitri* au Théâtre-Lyrique...

CLAPOTTE.

Ah! monsieur, écoutez, ne me tentez pas, je serais capable de...

JOCELYNET.

D'accepter...

CLAPOTTE.

En tout bien, tout honneur!...

JOCELYNET.

J'avais oublié de te le dire.

COUPLETS.

Air nouveau de J. M. Chautagn

CLAPOTTE.

I.

A Saint-Fargeau, si vous voulez,
    Monsieur, j'irai tout d' même
Et tout ce que vous m'offrirez
Je le prendrai si je l'aime!
Puis au dessert, je saurai bien
    Monsieur, vous tenir tête...
J'en ai pas l'air: mais ça n' fait rien
    Je suis un' fille honnête!

JOCELYNET, *parlé.*

Çà se voit tout de suite.

II.

CLAPOTTE.

Nous irons où vous vous plairez,
En fringants équipages ;
Puis après, si vous l'exigez...
(*Elle baisse les yeux.*)

JOCELYNET, *parlé.*

Eh bien?...

CLAPOTTE, *reprenant.*

Vous doublerez mes gages,
Si vous en avez le moyen.
J'accepte une toilette,
Vous donn'rez tout, je n' donn'rai rien,
Car j' suis un' fille honnête !

JOCELYNET, *faisant la grimace.*

Ah! je crois bien!... ah! je crois bien!... C'est entendu, pas vrai, nous irons au lac Saint-Fargeau! c'est un joli endroit, va! on y fait des noces et on vous offre gratis les photographies des mariés!... C'est toujours les mêmes, mais on est si bien reçu!... et je doublerai tes gages! qui ne dit mot consent! tu es charmante, ô adorable fleur ! laisse-moi te ravir un baiser.

CLAPOTTE.

Jamais! vieux papillon... (*Elle remonte. Il la poursuit. Madame Jocelynet paraît au fond. Clapotte étouffe un cri, et, saisissant son plumeau, se met à épousseter avec fureur. Jocelynet boutonne son habit et prend un air important.*)

SCÈNE III.

LES MÊMES, MADAME JOCELYNET, *très-prétentieuse.*

JOCELYNET, *d'un ton furieux.*

Voyons, mademoiselle Clapotte, époussetez donc...

c'est mal tenu... Cette maison, c'est très-mal tenu!... (*Allant à Clapotte, bas.*) C'est pour lui donner le change... suis-je habile !

MADAME JOCELYNET, *à Clapotte.*

Laissez-nous, Clapotte !

JOCELYNET, *à part.*

Aïe !...

CLAPOTTE.

Je monte à ma chambre !... Si madame a besoin de moi...

JOCELYNET, *bas.*

Ce n'est pas madame qui a besoin de toi, friponne! (*Il la pince.*)

CLAPOTTE, *poussant un cri.*

Ah!

MADAME JOCELYNET, *vivement.*

Que faites-vous donc, monsieur Jocelynet?...

JOCELYNET.

Moi... moi... je disais à Clapotte de songer à ma boule d'eau chaude! (*Madame Jocelynet fait un signe à Clapotte, qui sort en étouffant un éclat de rire.*)

SCÈNE IV.

M. ET MADAME JOCELYNET.

JOCELYNET, *à part.*

Le voilà le petit tête-à-tête! le voilà donc!

MADAME JOCELYNET, *s'asseyant près du guéridon.*

Asseyez-vous, mon ami! (*Jocelynet obéit de mauvaise grâce.*) Est-ce bien votre tasse que vous avez?

JOCELYNET.

Oui! oui!... il y a un petit amour dessus! Est-ce assez rococo, ces machines-là!

MADAME JOCELYNET.

Ingrat! c'est moi qui vous l'ai donnée à votre fête... à la Saint-Charles!

JOCELYNET.

Je ne m'appelle plus Charles!... je suis trop vieux!... On s'appelle Charles quand on n'a pas autre chose à faire.

MADAME JOCELYNET, *soupirant.*

Sucrez-vous!

JOCELYNET, *puisant dans le sucrier et remplissant sa tasse de morceaux de sucre.*

Je ne fais que ça!

MADAME JOCELYNET, *avec un cri.*

Monsieur Jocelynet...

JOCELYNET, *sautant en l'air.*

Hein?... Est-ce qu'il y a un éléphant dans ton café?... (*Silencieusement, madame Jocelynet lui montre les deux portraits.*)

JOCELYNET, *agacé.*

Eh! bien, oui, c'est des tableaux...

MADAME JOCELYNET, *amoureuse.*

Nos portraits, quand nous avons serré les liens de l'hymen!

JOCELYNET, *montrant le portrait de gauche.*

Oui! oui! te voilà, non! c'est moi, ça!... Te voilà là-bas, toi... à droite (*à part.*) Elle n'était pourtant pas mal...

MADAME JOCELYNET.

Et là, dans ce petit cadre, reconnaissez-vous ce parchemin... C'est une pièce de vers que vous m'adressâtes, lorsque vous... rimailliez encore... Ils étaient fort bien tournés ces vers... (*Déclamant avec sentiment.*)

Ton pied ravissant, ô ma reine.

JOCELYNET, *toussant.*

Hum! Hum! vous penserez à prendre mon gros paletot d'hiver chez le teinturier.

MADAME JOCELYNET, *continuant.*

Est si fluet et si mignon...

JOCELYNET.

Et mes gilets de flanelle... Ah ! il faut y songer, je me fais vieux !...

MADAME JOCELYNET, *avec impatience.*

Eh ! vous n'avez que ce mot à la bouche. A vous entendre, on dirait que vous avez cent ans !...

JOCELYNET, *faisant exprès de tousser.*

Eh ! eh ! J'ai passé la soixantaine... Et dame, une fois qu'on a passé la soixantaine...

MADAME JOCELYNET, *venant à lui et lui passant la main dans les cheveux.*

Je t'assure, Charles !

JOCELYNET, *se défendant.*

Ne m'appelez donc pas comme ça !

MADAME JOCELYNET.

Rappelez-vous donc, mon ami, cet heureux temps où vous me faisiez la cour... chez ma tante... mon excellente tante.

JOCELYNET.

La veuve Rataboul...

MADAME JOCELYNET.

Qui donnait de si jolies soirées !

JOCELYNET.

Oh ! oui, et quelle charmante société !... Monsieur Beaucornet qui faisait des réussites... Madame Goullard qui avait la manie de priser et laissait régulièrement tomber sa tabatière dans votre tasse de thé. Et le grand Ildefonse, le fabricant de bouchons...

MADAME JOCELYNET.

Qui avait demandé ma main... Et que j'ai refusé par amour de vous...

JOCELYNET, *à part.*

C'est moi qui le regrette !

MADAME JOCELYNET, *très-poétique.*

Les délicieuses conversations que nous avions alors près du piano !

JOCELYNET.

Oh ! v'oui !

MADAME JOCELYNET.

— « Ça va toujours bien, mademoiselle ? — Oui, monsieur. — Et votre fièvre urticaire ? — Maman m'a posé des sangsues, monsieur ! »

JOCELYNET, *se levant.*

Assez ! assez !

MADAME JOCELYNET.

Charles, vous êtes agité... Venez vous reposer, mon ami !

JOCELYNET, *très-inquiet.*

Où ça ?...

MADAME JOCELYNET.

Où donc repose un mari, si ce n'est près de sa femme !... de sa petite femme...

JOCELYNET, *à part.*

Trop aimante, décidément, trop aimante !... (*Haut.*) Je n'ai pas sommeil... ma bichette... oh ! mais pas sommeil du tout !...

MADAME JOCELYNET.

Eh ! bien, vous lirez votre journal... pendant que je passerai un peignoir...

JOCELYNET.

Non ! non ! merci !... Je ne peux bien lire mon journal qu'au café !...

MADAME JOCELYNET.

Le café ! Le café !... Vous n'aimez que ça !... Si on les fermait tous, il y aurait moins de femmes malheureuses !

JOCELYNET, *à part.*

Il ne manquerait que ça !

MADAME JOCELYNET.

Vous allez jouer encore avec cette horreur de M. Rossignol !... ça doit être un grec, cet homme là !

JOCELYNET.

Un grec ! Puisque nous jouons au billard, c'est ça qui m'est égal !

MADAME JOCELYNET.

Enfin, il vous gagne toujours. (*Avec un cri déchirant.*) Charles, pensez à vos enfants !

JOCELYNET.

Mes enfants ! je n'en ai pas !

MADAME JOCELYNET.

C'est un tort ! (*Jocelynet hausse les épaules.*)

SCÈNE V.

LES MÊMES, CLAPOTTE.

CLAPOTTE.

Madame, le cruchon est dans le lit !

MADAME JOCELYNET, *amoureuse.*

Charles, tu as entendu ! le cruchon est dans le lit !

JOCELYNET.

Eh ! bien, qu'il y reste !... couche-toi, ma louloutte... et fais ta petite dodotte en m'attendant ! moi, je vais retrouver Rossignol !... Adieu, chérie !... (*à part.*) Aimante, mais insupportable !... (*Haut.*) Clapotte, vous ne monterez vous coucher que quand je serai rentré... (*Bas en sortant.*) Tu es gentille à croquer ! (*Haut, à sa femme.*) Dors bien et ne fais pas de mauvais rêves ! (*Il s'esquive.*)

MADAME JOCELYNET, *à elle-même.*

Allons ! pas moyen de le retenir. Ah ! ma pauvre Clapotte, j'ai bien peur que Charles ne m'aime plus autant qu'autrefois !

CLAPOTTE, *ricanant.*

Oh ! ça serait mal, car madame n'a jamais été plus aimante et plus aimable !

MADAME JOCELYNET, *soupirant.*

Bonsoir, Clapotte. (*Elle sort.*)

CLAPOTTE.

Bonsoir, madame !

SCÈNE VI.

CLAPOTTE, *seule, puis* CÉSAR.

CLAPOTTE, *se mettant à rire.*

Ah ! ah ! En voilà une qui m'amuse avec ses soupirs !... Et c'est son mari qu'elle assomme... Est-il assez futé le bourgeois, mais l'est-il !... Et ces œillades qu'il me lance, quand il est près de moi ! Ah ! il est bien mieux que M. Lanfrougnat.

(*La porte du fond s'ouvre violemment, César parait.*)

CÉSAR, *un paquet de hardes à la main.*

Lanfrougnat... présent !

CLAPOTTE, *effrayé.*

Grand Dieu ! vous ici ! Est-ce que vous êtes fou ! Les bourgeois ne sont pas encore couchés.

CÉSAR, *d'un ton tragique.*

Bah ! qu'est-ce que ça me fait ? Je suis en proie à toutes les frénésies de l'amour et de la jalousie... La clef était sur la porte... je suis entré. Voilà !... Je ne quitte plus le pas de la boutique... Quand on me demande des fleurs de mauve, je donne de la bourrache, quand on me demande des boules de gomme, je sers de l'huile de ricin... Le patron vient de me flanquer mon compte... Vous voyez bien ce petit paquet... c'est ma garde-robe... me voilà sans place... sans abri... Et je viens vous demander la permission de coucher ici cette nuit !

CLAPOTTE.

Jamais !

CÉSAR.

Quand je vous dis que je suis sans place et jaloux !

CLAPOTTE.

Plus bas, je vous en prie !

CÉSAR.

Oui, plus bas... à tes genoux! à tes pieds !... ange!... (*changeant de ton.*) Je coucherai très-bien sur le canapé! Tiens des pantoufles! (*Il a avisé des pantoufles dans un coin et va les mettre.*)

CLAPOTTE.

Mais c'est à monsieur!

CÉSAR, *éclatant.*

Monsieur! monsieur, toujours monsieur!... Vous ne pensez donc qu'à lui!

CLAPOTTE.

Je pense à ses pantoufles! (*Elle veut lui reprendre ses pantoufles.*)

CÉSAR.

Vous ne les aurez pas! (*Madame Jocelynet parait au seuil de la chambre à coucher en camisole. Elle aperçoit les deux personnages, étouffe un petit cri et referme la porte.*)

CLAPOTTE.

Monsieur Lanfrougnat, savez-vous que vous commencez à m'en...nuyer joliment!

CÉSAR.

Certainement, je dois vous ennuyer... mais quand on a brisé la carrière d'un homme, et d'un garçon herboriste, on lui doit un asile... Passez-moi le tire-bottes!

CLAPOTTE.

Allez vous coucher!

CÉSAR.

Je viens pour ça!... (*Furieux.*) Je sais bien pourquoi vous tremblez... parce que votre bourgeois pourrait vous surprendre... et après ce qui s'est passé entre vous deux...

MADAME JOCELYNET, *reparaissant.*

Que dit-il?

CÉSAR, *beuglant.*

Je sais bien que toute la journée il vous a fait la cour... L'autre soir, je l'ai vu à la fenêtre... il vous embrassait!...

MADAME JOCELYNET, *à part.*

Il l'a embrassée!...

CLAPOTTE, *effarée.*

Si c'est permis de faire une vie pareille à une heure semblable!

CÉSAR.

L'heure ne fait rien à l'affaire!... D'abord, la pendule est arrêtée! (*Il remonte la pendule.*)

CLAPOTTE.

Laissez-la tranquille, ça ne vous regarde pas!

CÉSAR, *menaçant.*

Si, je veux la remonter, madame, la pendule! (*Il la remonte avec fureur.*) Et vous allez voir comment je remonte ça, moi!... (*Le ressort casse.*)

CLAPOTTE.

Mais c'est un enragé!... Voulez-vous laisser ça!

SCÈNE VII.

LES MÊMES, MADAME JOCELYNET.

MADAME JOCELYNET, *s'avançant, très-émue.*

Quel est cet individu?

CLAPOTTE.

Madame, c'est... madame, c'est... c'est l'horloger qui vient chercher la pendule.

MADAME JOCELYNET, *à César.*

Sortez! (*César va s'éloigner, la pendule dans les bras.*) Mais laissez la pendule!...

CÉSAR, *au fond.*

Oh! mais je reviendrai... c'est au premier étage... (*Montrant la fenêtre praticable à gauche.*) On repeint la maison, il y a des échelles dans la cour... (*Haut.*) Ne me reconduisez pas, mesdames, je connais l'escalier! (*Il sort. — Bruit dans l'escalier. — C'est César qui dégringole.*

SCÈNE VIII.

CLAPOTTE, MADAME JOCELYNET.

MADAME JOCELYNET, *venant à Clapotte.*

Maintenant, Clapotte, vous me direz tout, ou je vous donne vos huit jours!...

CLAPOTTE.

Tout quoi? madame.

MADAME JOCELYNET.

Eh! tu le sais bien!...

CLAPOTTE.

Ça va vous faire de la peine; mais il ne faudra pas m'en vouloir.

MADAME JOCELYNET.

De la peine, à moi... Parlez, Clapotte, je serai stoïque.

CLAPOTTE.

Eh bien! madame, depuis très-longtemps monsieur me conte fleurette.

MADAME JOCELYNET, *bondissant.*

Bien!

CLAPOTTE.

Oui, madame, il n'a l'air de rien devant vous...

MADAME JOCELYNET, *soupirant.*

Ça, c'est vrai!

CLAPOTTE.

Et puis, il vient m'asticoter dans ma cuisine!

MADAME JOCELYNET, *furibonde.*

Il l'asticote! (*Clapotte tombe à genoux.*)

CLAPOTTE.

Quand madame est sortie de table, M. Jocelynet était avec moi, dans cette chambre, et il me proposait... je n'ose pas le dire.

MADAME JOCELYNET.

Parlez!

CLAPOTTE.

Eh bien! monsieur me proposait un dîner au lac Saint-Fargeau!

MADAME JOCELYNET.

Assez! j'étouffe! c'est une indignité! jouer devant moi cette comédie... et devant elle...

CLAPOTTE.

Màdame m'en veut!

MADAME JOCELYNET, *tragique.*

Si je t'en veux... (*Changeant de ton.*) Eh bien! non... c'est à lui que j'en veux, et c'est lui que je punirai... Mais comment? comment, Clapotte?

CLAPOTTE.

Ah! voilà... (*Les deux femmes arpentent la scène en cherchant une idée.*)

MADAME JOCELYNET.

Puisqu'il court la pretentaine, je vais faire semblant de la courir aussi. Je le rendrai jaloux. Oui, c'est cela... je ferai semblant de m'en aller, et toi, Clapotte, tu lui donneras un rendez-vous...

CLAPOTTE.

Moi! madame?

MADAME JOCELYNET.

Oui, toi! un rendez-vous ici, dans cette chambre.

CLAPOTTE.

Mais, madame...

MADAME JOCELYNET, *vivement.*

Silence! je l'entends, c'est lui...

SCÈNE IX.

LES MÊMES, JOCELYNET.

MADAME JOCELYNET, *à part.*

Le voici!... contiens-toi, ma fureur!...

JOCELYNET, *rentrant un peu lancé.*

Clapotte, je crois qu'il serait bon de faire un peu de feu.

MADAME JOCELYNET, *à part.*

Du feu! tu n'en as pas besoin, vieux tison!...

JOCELYNET, *à part.*

Aïe! ma femme! (*Haut.*) Comment, pas encore couchée, ma bichette?... Est-ce que tu es malade?

MADAME JOCELYNET.

Mon ami, j'ai quelque chose à vous annoncer qui pourrait vous contrarier...

JOCELYNET.

Parlez, mon cœur.

MADAME JOCELYNET.

Il y a un petit bal ce soir chez ma tante, la veuve Rataboul; je ne vous l'avais pas dit, mais j'y suis invitée.

JOCELYNET, *vivement.*

Ah! eh bien! il faut y aller! oui! oui! il faut y aller! Cette chère maman Rataboul!

MADAME JOCELYNET.

A-t-il hâte de me voir partir!

JOCELYNET.

Amuse-toi, ma chérie! Qu'est-ce que je demande, moi? c'est que tu t'amuses!

MADAME JOCELYNET.

Et vous avez raison! Rester toujours au coin de son feu est fatigant... Il est agréable sans doute de passer sa jeunesse à préparer de la tisane à son mari, quand il a mal aux bronches... (*Le regardant entre les deux yeux d'un ton menaçant.*) car vous avez souvent mal aux bronches, monsieur Jocelynet!

JOCELYNET.

Ce n'est pas un crime.

MADAME JOCELYNET.

Tout cela est charmant, mais tout cela vous annihile... je suis annihilée, monsieur.

JOCELYNET.

Eh bien! allez à la soirée de madame Rataboul, mon trésor... allez!

MADAME JOCELYNET.

Oui, monsieur, j'irai.

JOCELYNET, *à part.*

C'est tout ce que je demande, moi.

MADAME JOCELYNET.

Justement! monsieur Ildefonse doit y être!

JOCELYNET.

Ildefonse! ah! oui! l'homme aux bouchons!... En voilà un qui s'amusera!

MADAME JOCELYNET, *avec intention.*

Tu vas m'habiller, Clapotte!

CLAPOTTE.

Bien, madame. (*Elle approche la psyché, en allume les bougies, puis va à l'armoire qu'elle ouvre et dont elle tire quelques objets de toilette.*)

MADAME JOCELYNET.

Vous ne m'accompagnez pas?

JOCELYNET.

Non! impossible!... je ne suis vraiment pas bien ce soir! Les bronches! chère amie, les bronches! (*Pendant ces mots, madame Jocelynet s'habille et continue sa toilette pendant le morceau suivant.*)

MADAME JOCELYNET.

Avec cette toilette, je ferai un effet étonnant! Clapotte, une voiture!

CLAPOTTE.

Bien, madame! (*Elle sort. La toilette de madame Jocelynet est achevée. Elle prend son éventail, se gante et vient au milieu de la scène.*)

MADAME JOCELYNET.

Air de l'*Ordonnance*. (Les Jolies Filles de Grévin. — Darcier.)

Déjà je me crois arrivée.
Un petit murmure flatteur
Vient m'accueillir à mon entrée,
Je baisse les yeux par pudeur!

La voilà! La voilà!... C'est elle!
Déesse des jeux et des ris.
Ah! mon Dieu! mon Dieu! quelle est belle!
Bonjour donc! Bonjour mes amis!
Moi, je suis confuse et tremblante,
Mon pied fait craquer le parquet,
Aux invités je me présente,
Prenant un petit air coquet,
On dit tout bas : qu'elle est charmante,
Voyez ces lèvres de corail,
Cherchant un maintien, rougissante,
Je fais jouer mon éventail!
Voici le signal de la danse,
Un clavecin, un flageolet,
Jouant rarement en cadence,
Forment un orchestre parfait!
Alors vers moi quelqu'un s'avance :
C'est Ildefonse... il louche un peu;
Oui, mais il a tant d'élégance
Que l'on n'y peut voir que du feu.
Il dit : (La phrase est toute neuve).
Acceptez-moi pour cavalier,
Et comme si vous étiez veuve
Que je sois votre chevalier!

JOCELYNET, *furieux.*

Il vous a dit ça! Je lui défends de vous appeler veuve.

CLAPOTTE, *rentrant.*

Madame, la voiture est en bas.

JOCELYNET.

Déjà!

MADAME JOCELYNET, *bas à Clapotte.*

A présent, donne-lui le rendez-vous et recommande-lui de tout éteindre.

CLAPOTTE, *bas.*

Bien, madame. (*Tandis que madame Jocelynet s'enveloppe dans une sortie de bal, Clapotte vient à Jocelynet et avec mystère.*) J'ai réfléchi à tout ce que vous m'avez demandé...

JOCELYNET.

Ah! tu as... friponne!

CLAPOTTE.

Et tout à l'heure, si vous voulez... ici...

JOCELYNET.

Comment! si je le veux.

CLAPOTTE.

Seulement, faudra tout enteindre...

JOCELYNET.

Pourquoi?

CLAPOTTE.

Je vous le dirai, c'est très-grave... Eteignez, monsieur.

JOCELYNET.

J'éteindrai, Clapotte.

MADAME JOCELYNET.

Je pars!...

JOCELYNET.

C'est ça!... Amusez-vous bien. (*A part.*) Ah! tu vas danser avec Ildefonse... (*Haut.*) Bien des choses à la veuve Rataboul!... (*Madame Jocelynet sort avec Clapotte.*)

SCÈNE X.

JOCELYNET, *seul.*

C'est égal, un moment, parole d'honneur, j'ai ressenti quelque chose là... comme une nouvelle pousse de jalousie... jaloux d'elle... jaloux de ma femme... ça serait trop naïf!... Il est affreux, cet Ildefonse... et il a les cheveux roux!... Et que m'importe tout cela, puisque Clapotte me reste, puisqu'elle va venir me retrouver dans quelques secondes!... Seulement, il faut que j'éteigne!... Pourquoi veut-elle que j'éteigne?... ça m'intrigue... sans m'intriguer... parce que je connais les femmes... je les connais... je suis payé... non! j'ai payé pour les connaître... et j'ai remarqué qu'au moment de faiblir, elles avaient des petites fantaisies comme les malades... (*allant souffler les bougies.*) Éteignons ! (*Nuit complète. Il se cogne contre une chaise.*) Merci ! je n'y vois plus goutte. (*Marchant à tâtons.*) Oui, j'ai remarqué que dans ces moments, elles ont toutes des fantaisies... Pourvu qu'elle n'ait pas celle de me faire attendre une heure !... (*Bruit à la fenêtre.*) On dirait qu'on a remué sur le balcon !

SCÈNE XI.

JOCELYNET, CÉSAR.

(*La fenêtre de gauche s'ouvre, César paraît et entre avec précaution.*)

CÉSAR.

Air nouveau de Lonati.

Déjà s'endorment les oiseaux,
Et la lune est toute maussade ;
Moi, quitte à me casser les os,
J'ai voulu tenter l'escalade.
La belle sommeille,
Sans songer à moi !
Mais l'amour qui veille
Nous met en émoi ! (*ter.*)

JOCELYNET.

Qu'est-ce que c'est que ça !... Serait-ce le frotteur?... Pourquoi entre-t-il par la fenêtre? (*César se cogne au guéridon.*)

CÉSAR.

Je suis ému ! (*Il trouve sous sa main le carafon de cognac et boit à même. Tirant un pistolet de sa poche.*) J'ai assez de la vie !... Je vais me périr ici !... Ce pistolet, ça compromettra Clapotte et ça embêtera ce vieux monstre de Jocelynet !

JOCELYNET, *tremblant.*

Il a prononcé mon nom !... Et il est armé !... J'ai une peur affreuse !... il a laissé la fenêtre ouverte... Réfugions-nous sur le balcon! (*Il va à pas de loup à la fenêtre et disparaît sur le balcon. La porte du fond s'ouvre, madame Jocelynet paraît dans le costume de Clapotte.*)

MADAME JOCELYNET.

Mon mari se repentira,
Je veux surprendre l'infidèle,
C'est sa femme qu'il trouvera,
S'imaginant trouver sa belle.
Déjà tout sommeille!
Hélas! quant à moi!
Maintenant, je veille
Le cœur en émoi! (*bis.*)
(*Appelant en déguisant sa voix.*)

Monsieur Jocelynet! C'est moi!

CÉSAR, *à part.*

Cette cornette... ce jupon court... C'est Clapotte!... La perfide! Elle vient pour le vieux!

MADAME JOCELYNET, *le saisissant au passage.*

Je vous tiens!...

JOCELYNET, *sur le balcon, entrouvrant la fenêtre.*

Clapotte avait rendez-vous avec le frotteur! Eh! bien et moi? (*Il disparaît.*)

MADAME JOCELYNET, *tenant toujours César. — A elle-même.*)

Ah! monsieur Jocelynet, nous allons rire!... (*Haut*). Dites donc... il y a un courant d'air.

CÉSAR, *déguisant sa voix.*

C'est la fenêtre qui est ouverte!

MADAME JOCELYNET.

Eh! bien, fermons-la!

CÉSAR.

Fermons-la. (*Il va à la fenêtre et la ferme. On voit derrière les vitres Jocelynet s'agiter, César revient à madame Jocelynet et imite la voix de Jocelynet.*) Ravissante Clapotte! (*Il l'embrasse.*) As-tu une jolie main... C'est potelé, c'est jeune... (*à part.*) Malheureuse, c'est à cause de toi que j'ai perdu ma place!

MADAME JOCELYNET, *à part.*

Va-t-il, va-t-il ?

CÉSAR, *voix de Jocelynet.*

Asseyons-nous un peu, veux-tu?

MADAME JOCELYNET.

Asseyons-nous ! (*Ils s'asseyent sur le canapé.*)

CÉSAR, *l'embrassant.*

Ah ! que c'est donc doux !... Que c'est donc doux! Je t'adore, entends-tu ?

MADAME JOCELYNET, *à part.*

Le fourbe !... Et quand il sait que c'est moi, il ose me dire qu'il a mal aux bronches! (*On entend le tonnerre, puis la pluie tombe.*) Avez-vous entendu ?

CÉSAR.

Il va faire de l'orage... mais ça nous est égal !

MADAME JOCELYNET.

Je n'aime pas ça... ça me tape sur les nerfs !... Écoutez encore.

CÉSAR.

C'est la pluie qui tombe... Ah ! c'est une vraie averse... mais qu'est-ce que ça peut nous faire ?

MADAME JOCELYNET, *à part.*

C'est le moment de nous montrer. (*Haut, de sa voix naturelle.*) Savez-vous, monsieur, à qui vous vous adressez ?

CÉSAR, *éclatant.*

A Clapotte que j'aime et qui se fiche de moi avec son bourgeois !

MADAME JOCELYNET, *effarée.*

Comment ! Plait-il ? (*On frappe aux carreaux.*) On frappe aux carreaux !

CÉSAR.

Ce sont les volets qui battent !...

MADAME JOCELYNET.

Pas du tout. Ce ne sont pas les volets. (*On frappe de plus belle, puis on donne dans la fenêtre de grands coups de *pieds.)* Ah ! mon Dieu, mais on va démolir la croisée ! *(La fenêtre s'ouvre violemment. Jocelynet paraît trempé comme une soupe..)*

JOCELYNET, *tombant en scène.*

Ouf ! Je n'en pouvais plus.

CÉSAR, *le saisissant au collet.*

C'est un voleur !

JOCELYNET.

Au voleur ! au voleur !

MADAME JOCELYNET.

Jocelynet, mais alors avec qui ai-je donc roucoulé ?

CLAPOTTE, *accourant avec la lampe.*

Est-ce qu'il y a le feu à la maison ! *(Reconnaissant César.)* M. Lanfrougnat !

CÉSAR.

Mademoiselle Clapotte ! Ce n'était donc pas vous?

MADAME JOCELYNET, *à Jocelynet.*

Ce n'était donc pas toi !

CÉSAR ET CLAPOTTE.

Ce n'était donc pas lui. *(On se met à rire.)*

JOCELYNET, *piqué.*

Si c'est une plaisanterie, je ne la trouve pas drôle !

MADAME JOCELYNET.

Ce n'est pas seulement une plaisanterie, monsieur, c'est une punition !

JOCELYNET.

Alors, le frotteur était donc ici pour vous madame ?

CLAPOTTE.

Non, monsieur... pour moi. Et malgré sa laideur, je me sens pour lui une vraie affection. Je l'épouserai et nous ferons les noces au lac Saint-Fargeau !

CÉSAR.

O bonheur !... nous commanderons une entrecôte !

MADAME JOCELYNET.

Vous ne pourrez donc plus faire la cour à Clapotte, M. Jocelynet.

JOCELYNET, *la regardant.*

Elle est encore très-bien, parole d'honneur, (*haut.*) Je ne veux plus de lait de poule, ma cocotte... et demain, nous dînerons chez Petiau... en cabinet particulier!... C'est aux beaux yeux de sa moitié que le papillon du Marais brûlera ses ailes.

FIN

F. AUREAU. — IMPRIMERIE DE LAGNY.

EN VENTE A LA MÊME LIBRAIRIE

F. AUREAU. — IMPRIMERIE DE LAGNY.

www.ingramcontent.com/pod-product-compliance
Lightning Source LLC
LaVergne TN
LVHW010012230826
846092LV00002B/783
9782329338569